Agenda de passwords

Coisas Realmente Úteis

CreateSpace, Charleston SC
© Coisas Realmente Úteis

Nome	Data
Endereço electrónico	
Nome de utilizador	
Password	PIN
Questões/notas de segurança	

Nome	Data
Endereço electrónico	
Nome de utilizador	
Password	PIN
Questões/notas de segurança	

Nome	Data
Endereço electrónico	
Nome de utilizador	
Password	PIN
Questões/notas de segurança	

Nome	Data
Endereço electrónico	
Nome de utilizador	
Password	PIN
Questões/notas de segurança	

Nome	Data
Endereço electrónico	
Nome de utilizador	
Password	PIN
Questões/notas de segurança	

Nome	Data
Endereço electrónico	
Nome de utilizador	
Password	PIN
Questões/notas de segurança	

Nome	Data
Endereço electrónico	
Nome de utilizador	
Password	PIN
Questões/notas de segurança	

Nome	Data
Endereço electrónico	
Nome de utilizador	
Password	PIN
Questões/notas de segurança	

Nome	Data
Endereço electrónico	
Nome de utilizador	
Password	PIN
Questões/notas de segurança	

A

Nome	Data
Endereço electrónico	
Nome de utilizador	
Password	PIN
Questões/notas de segurança	

Nome	Data
Endereço electrónico	
Nome de utilizador	
Password	PIN
Questões/notas de segurança	

Nome	Data
Endereço electrónico	
Nome de utilizador	
Password	PIN
Questões/notas de segurança	

Nome	Data
Endereço electrónico	
Nome de utilizador	
Password	PIN
Questões/notas de segurança	

Nome	Data
Endereço electrónico	
Nome de utilizador	
Password	PIN
Questões/notas de segurança	

Nome	Data
Endereço electrónico	
Nome de utilizador	
Password	PIN
Questões/notas de segurança	

B

Nome	Data
Endereço electrónico	
Nome de utilizador	
Password	PIN
Questões/notas de segurança	

Nome	Data
Endereço electrónico	
Nome de utilizador	
Password	PIN
Questões/notas de segurança	

Nome	Data
Endereço electrónico	
Nome de utilizador	
Password	PIN
Questões/notas de segurança	

Nome	Data
Endereço electrónico	
Nome de utilizador	
Password	PIN
Questões/notas de segurança	

Nome	Data
Endereço electrónico	
Nome de utilizador	
Password	PIN
Questões/notas de segurança	

Nome	Data
Endereço electrónico	
Nome de utilizador	
Password	PIN
Questões/notas de segurança	

B

Nome	Data
Endereço electrónico	
Nome de utilizador	
Password	PIN
Questões/notas de segurança	

Nome	Data
Endereço electrónico	
Nome de utilizador	
Password	PIN
Questões/notas de segurança	

Nome	Data
Endereço electrónico	
Nome de utilizador	
Password	PIN
Questões/notas de segurança	

C

Nome	Data
Endereço electrónico	
Nome de utilizador	
Password	PIN
Questões/notas de segurança	

Nome	Data
Endereço electrónico	
Nome de utilizador	
Password	PIN
Questões/notas de segurança	

Nome	Data
Endereço electrónico	
Nome de utilizador	
Password	PIN
Questões/notas de segurança	

C

Nome	Data
Endereço electrónico	
Nome de utilizador	
Password	PIN
Questões/notas de segurança	

Nome	Data
Endereço electrónico	
Nome de utilizador	
Password	PIN
Questões/notas de segurança	

Nome	Data
Endereço electrónico	
Nome de utilizador	
Password	PIN
Questões/notas de segurança	

Nome	Data
Endereço electrónico	
Nome de utilizador	
Password	PIN
Questões/notas de segurança	

Nome	Data
Endereço electrónico	
Nome de utilizador	
Password	PIN
Questões/notas de segurança	

Nome	Data
Endereço electrónico	
Nome de utilizador	
Password	PIN
Questões/notas de segurança	

C

Nome	Data
Endereço electrónico	
Nome de utilizador	
Password	PIN
Questões/notas de segurança	

Nome	Data
Endereço electrónico	
Nome de utilizador	
Password	PIN
Questões/notas de segurança	

Nome	Data
Endereço electrónico	
Nome de utilizador	
Password	PIN
Questões/notas de segurança	

Nome	Data
Endereço electrónico	
Nome de utilizador	
Password	PIN
Questões/notas de segurança	

Nome	Data
Endereço electrónico	
Nome de utilizador	
Password	PIN
Questões/notas de segurança	

Nome	Data
Endereço electrónico	
Nome de utilizador	
Password	PIN
Questões/notas de segurança	

Nome	Data
Endereço electrónico	
Nome de utilizador	
Password	PIN
Questões/notas de segurança	

Nome	Data
Endereço electrónico	
Nome de utilizador	
Password	PIN
Questões/notas de segurança	

Nome	Data
Endereço electrónico	
Nome de utilizador	
Password	PIN
Questões/notas de segurança	

Nome	Data
Endereço electrónico	
Nome de utilizador	
Password	PIN
Questões/notas de segurança	

Nome	Data
Endereço electrónico	
Nome de utilizador	
Password	PIN
Questões/notas de segurança	

Nome	Data
Endereço electrónico	
Nome de utilizador	
Password	PIN
Questões/notas de segurança	

D

Nome	Data
Endereço electrónico	
Nome de utilizador	
Password	PIN
Questões/notas de segurança	

Nome	Data
Endereço electrónico	
Nome de utilizador	
Password	PIN
Questões/notas de segurança	

Nome	Data
Endereço electrónico	
Nome de utilizador	
Password	PIN
Questões/notas de segurança	

E

Nome	Data
Endereço electrónico	
Nome de utilizador	
Password	PIN
Questões/notas de segurança	

Nome	Data
Endereço electrónico	
Nome de utilizador	
Password	PIN
Questões/notas de segurança	

Nome	Data
Endereço electrónico	
Nome de utilizador	
Password	PIN
Questões/notas de segurança	

E

Nome	Data
Endereço electrónico	
Nome de utilizador	
Password	PIN
Questões/notas de segurança	

Nome	Data
Endereço electrónico	
Nome de utilizador	
Password	PIN
Questões/notas de segurança	

Nome	Data
Endereço electrónico	
Nome de utilizador	
Password	PIN
Questões/notas de segurança	

Nome	Data
Endereço electrónico	
Nome de utilizador	
Password	PIN
Questões/notas de segurança	

Nome	Data
Endereço electrónico	
Nome de utilizador	
Password	PIN
Questões/notas de segurança	

Nome	Data
Endereço electrónico	
Nome de utilizador	
Password	PIN
Questões/notas de segurança	

Nome	Data
Endereço electrónico	
Nome de utilizador	
Password	PIN
Questões/notas de segurança	

Nome	Data
Endereço electrónico	
Nome de utilizador	
Password	PIN
Questões/notas de segurança	

Nome	Data
Endereço electrónico	
Nome de utilizador	
Password	PIN
Questões/notas de segurança	

F

Nome	Data
Endereço electrónico	
Nome de utilizador	
Password	PIN
Questões/notas de segurança	

Nome	Data
Endereço electrónico	
Nome de utilizador	
Password	PIN
Questões/notas de segurança	

Nome	Data
Endereço electrónico	
Nome de utilizador	
Password	PIN
Questões/notas de segurança	

F

Nome	Data
Endereço electrónico	
Nome de utilizador	
Password	PIN
Questões/notas de segurança	

Nome	Data
Endereço electrónico	
Nome de utilizador	
Password	PIN
Questões/notas de segurança	

Nome	Data
Endereço electrónico	
Nome de utilizador	
Password	PIN
Questões/notas de segurança	

Nome	Data
Endereço electrónico	
Nome de utilizador	
Password	PIN
Questões/notas de segurança	

Nome	Data
Endereço electrónico	
Nome de utilizador	
Password	PIN
Questões/notas de segurança	

Nome	Data
Endereço electrónico	
Nome de utilizador	
Password	PIN
Questões/notas de segurança	

F

Nome	Data
Endereço electrónico	
Nome de utilizador	
Password	PIN
Questões/notas de segurança	

Nome	Data
Endereço electrónico	
Nome de utilizador	
Password	PIN
Questões/notas de segurança	

Nome	Data
Endereço electrónico	
Nome de utilizador	
Password	PIN
Questões/notas de segurança	

Nome	Data
Endereço electrónico	
Nome de utilizador	
Password	PIN
Questões/notas de segurança	

Nome	Data
Endereço electrónico	
Nome de utilizador	
Password	PIN
Questões/notas de segurança	

Nome	Data
Endereço electrónico	
Nome de utilizador	
Password	PIN
Questões/notas de segurança	

Nome	Data
Endereço electrónico	
Nome de utilizador	
Password	PIN
Questões/notas de segurança	

Nome	Data
Endereço electrónico	
Nome de utilizador	
Password	PIN
Questões/notas de segurança	

Nome	Data
Endereço electrónico	
Nome de utilizador	
Password	PIN
Questões/notas de segurança	

Nome	Data
Endereço electrónico	
Nome de utilizador	
Password	PIN
Questões/notas de segurança	

Nome	Data
Endereço electrónico	
Nome de utilizador	
Password	PIN
Questões/notas de segurança	

Nome	Data
Endereço electrónico	
Nome de utilizador	
Password	PIN
Questões/notas de segurança	

Nome	Data
Endereço electrónico	
Nome de utilizador	
Password	PIN
Questões/notas de segurança	

Nome	Data
Endereço electrónico	
Nome de utilizador	
Password	PIN
Questões/notas de segurança	

Nome	Data
Endereço electrónico	
Nome de utilizador	
Password	PIN
Questões/notas de segurança	

Nome	Data
Endereço electrónico	
Nome de utilizador	
Password	PIN
Questões/notas de segurança	

Nome	Data
Endereço electrónico	
Nome de utilizador	
Password	PIN
Questões/notas de segurança	

Nome	Data
Endereço electrónico	
Nome de utilizador	
Password	PIN
Questões/notas de segurança	

Nome	Data
Endereço electrónico	
Nome de utilizador	
Password	PIN
Questões/notas de segurança	

Nome	Data
Endereço electrónico	
Nome de utilizador	
Password	PIN
Questões/notas de segurança	

Nome	Data
Endereço electrónico	
Nome de utilizador	
Password	PIN
Questões/notas de segurança	

Nome	Data
Endereço electrónico	
Nome de utilizador	
Password	PIN
Questões/notas de segurança	

Nome	Data
Endereço electrónico	
Nome de utilizador	
Password	PIN
Questões/notas de segurança	

Nome	Data
Endereço electrónico	
Nome de utilizador	
Password	PIN
Questões/notas de segurança	

Nome	Data
Endereço electrónico	
Nome de utilizador	
Password	PIN
Questões/notas de segurança	

Nome	Data
Endereço electrónico	
Nome de utilizador	
Password	PIN
Questões/notas de segurança	

Nome	Data
Endereço electrónico	
Nome de utilizador	
Password	PIN
Questões/notas de segurança	

Nome	Data
Endereço electrónico	
Nome de utilizador	
Password	PIN
Questões/notas de segurança	

Nome	Data
Endereço electrónico	
Nome de utilizador	
Password	PIN
Questões/notas de segurança	

Nome	Data
Endereço electrónico	
Nome de utilizador	
Password	PIN
Questões/notas de segurança	

I

Nome	Data
Endereço electrónico	
Nome de utilizador	
Password	PIN
Questões/notas de segurança	

Nome	Data
Endereço electrónico	
Nome de utilizador	
Password	PIN
Questões/notas de segurança	

Nome	Data
Endereço electrónico	
Nome de utilizador	
Password	PIN
Questões/notas de segurança	

Nome	Data
Endereço electrónico	
Nome de utilizador	
Password	PIN
Questões/notas de segurança	

Nome	Data
Endereço electrónico	
Nome de utilizador	
Password	PIN
Questões/notas de segurança	

Nome	Data
Endereço electrónico	
Nome de utilizador	
Password	PIN
Questões/notas de segurança	

Nome	Data
Endereço electrónico	
Nome de utilizador	
Password	PIN
Questões/notas de segurança	

Nome	Data
Endereço electrónico	
Nome de utilizador	
Password	PIN
Questões/notas de segurança	

Nome	Data
Endereço electrónico	
Nome de utilizador	
Password	PIN
Questões/notas de segurança	

Nome	Data
Endereço electrónico	
Nome de utilizador	
Password	PIN
Questões/notas de segurança	

Nome	Data
Endereço electrónico	
Nome de utilizador	
Password	PIN
Questões/notas de segurança	

Nome	Data
Endereço electrónico	
Nome de utilizador	
Password	PIN
Questões/notas de segurança	

J

Nome	Data
Endereço electrónico	
Nome de utilizador	
Password	PIN
Questões/notas de segurança	

Nome	Data
Endereço electrónico	
Nome de utilizador	
Password	PIN
Questões/notas de segurança	

Nome	Data
Endereço electrónico	
Nome de utilizador	
Password	PIN
Questões/notas de segurança	

Nome	Data
Endereço electrónico	
Nome de utilizador	
Password	PIN
Questões/notas de segurança	

Nome	Data
Endereço electrónico	
Nome de utilizador	
Password	PIN
Questões/notas de segurança	

Nome	Data
Endereço electrónico	
Nome de utilizador	
Password	PIN
Questões/notas de segurança	

Nome	Data
Endereço electrónico	
Nome de utilizador	
Password	PIN
Questões/notas de segurança	

Nome	Data
Endereço electrónico	
Nome de utilizador	
Password	PIN
Questões/notas de segurança	

Nome	Data
Endereço electrónico	
Nome de utilizador	
Password	PIN
Questões/notas de segurança	

Nome	Data
Endereço electrónico	
Nome de utilizador	
Password	PIN
Questões/notas de segurança	

Nome	Data
Endereço electrónico	
Nome de utilizador	
Password	PIN
Questões/notas de segurança	

Nome	Data
Endereço electrónico	
Nome de utilizador	
Password	PIN
Questões/notas de segurança	

K

Nome	Data
Endereço electrónico	
Nome de utilizador	
Password	PIN
Questões/notas de segurança	

Nome	Data
Endereço electrónico	
Nome de utilizador	
Password	PIN
Questões/notas de segurança	

Nome	Data
Endereço electrónico	
Nome de utilizador	
Password	PIN
Questões/notas de segurança	

Nome	Data
Endereço electrónico	
Nome de utilizador	
Password	PIN
Questões/notas de segurança	

Nome	Data
Endereço electrónico	
Nome de utilizador	
Password	PIN
Questões/notas de segurança	

Nome	Data
Endereço electrónico	
Nome de utilizador	
Password	PIN
Questões/notas de segurança	

K

Nome	Data
Endereço electrónico	
Nome de utilizador	
Password	PIN
Questões/notas de segurança	

Nome	Data
Endereço electrónico	
Nome de utilizador	
Password	PIN
Questões/notas de segurança	

Nome	Data
Endereço electrónico	
Nome de utilizador	
Password	PIN
Questões/notas de segurança	

L

Nome	Data
Endereço electrónico	
Nome de utilizador	
Password	PIN
Questões/notas de segurança	

Nome	Data
Endereço electrónico	
Nome de utilizador	
Password	PIN
Questões/notas de segurança	

Nome	Data
Endereço electrónico	
Nome de utilizador	
Password	PIN
Questões/notas de segurança	

Nome	Data
Endereço electrónico	
Nome de utilizador	
Password	PIN
Questões/notas de segurança	

Nome	Data
Endereço electrónico	
Nome de utilizador	
Password	PIN
Questões/notas de segurança	

Nome	Data
Endereço electrónico	
Nome de utilizador	
Password	PIN
Questões/notas de segurança	

Nome	Data
Endereço electrónico	
Nome de utilizador	
Password	PIN
Questões/notas de segurança	

Nome	Data
Endereço electrónico	
Nome de utilizador	
Password	PIN
Questões/notas de segurança	

Nome	Data
Endereço electrónico	
Nome de utilizador	
Password	PIN
Questões/notas de segurança	

L

Nome	Data
Endereço electrónico	
Nome de utilizador	
Password	PIN
Questões/notas de segurança	

Nome	Data
Endereço electrónico	
Nome de utilizador	
Password	PIN
Questões/notas de segurança	

Nome	Data
Endereço electrónico	
Nome de utilizador	
Password	PIN
Questões/notas de segurança	

Nome	Data
Endereço electrónico	
Nome de utilizador	
Password	PIN
Questões/notas de segurança	

Nome	Data
Endereço electrónico	
Nome de utilizador	
Password	PIN
Questões/notas de segurança	

Nome	Data
Endereço electrónico	
Nome de utilizador	
Password	PIN
Questões/notas de segurança	

Nome	Data
Endereço electrónico	
Nome de utilizador	
Password	PIN
Questões/notas de segurança	

Nome	Data
Endereço electrónico	
Nome de utilizador	
Password	PIN
Questões/notas de segurança	

Nome	Data
Endereço electrónico	
Nome de utilizador	
Password	PIN
Questões/notas de segurança	

Nome	Data
Endereço electrónico	
Nome de utilizador	
Password	PIN
Questões/notas de segurança	

Nome	Data
Endereço electrónico	
Nome de utilizador	
Password	PIN
Questões/notas de segurança	

Nome	Data
Endereço electrónico	
Nome de utilizador	
Password	PIN
Questões/notas de segurança	

Nome	Data
Endereço electrónico	
Nome de utilizador	
Password	PIN
Questões/notas de segurança	

Nome	Data
Endereço electrónico	
Nome de utilizador	
Password	PIN
Questões/notas de segurança	

Nome	Data
Endereço electrónico	
Nome de utilizador	
Password	PIN
Questões/notas de segurança	

N

Nome	Data
Endereço electrónico	
Nome de utilizador	
Password	PIN
Questões/notas de segurança	

Nome	Data
Endereço electrónico	
Nome de utilizador	
Password	PIN
Questões/notas de segurança	

Nome	Data
Endereço electrónico	
Nome de utilizador	
Password	PIN
Questões/notas de segurança	

Nome	Data
Endereço electrónico	
Nome de utilizador	
Password	PIN
Questões/notas de segurança	

Nome	Data
Endereço electrónico	
Nome de utilizador	
Password	PIN
Questões/notas de segurança	

Nome	Data
Endereço electrónico	
Nome de utilizador	
Password	PIN
Questões/notas de segurança	

Nome	Data
Endereço electrónico	
Nome de utilizador	
Password	PIN
Questões/notas de segurança	

Nome	Data
Endereço electrónico	
Nome de utilizador	
Password	PIN
Questões/notas de segurança	

Nome	Data
Endereço electrónico	
Nome de utilizador	
Password	PIN
Questões/notas de segurança	

Nome	Data
Endereço electrónico	
Nome de utilizador	
Password	PIN
Questões/notas de segurança	

Nome	Data
Endereço electrónico	
Nome de utilizador	
Password	PIN
Questões/notas de segurança	

Nome	Data
Endereço electrónico	
Nome de utilizador	
Password	PIN
Questões/notas de segurança	

Nome	Data
Endereço electrónico	
Nome de utilizador	
Password	PIN
Questões/notas de segurança	

Nome	Data
Endereço electrónico	
Nome de utilizador	
Password	PIN
Questões/notas de segurança	

Nome	Data
Endereço electrónico	
Nome de utilizador	
Password	PIN
Questões/notas de segurança	

Nome	Data
Endereço electrónico	
Nome de utilizador	
Password	PIN
Questões/notas de segurança	

Nome	Data
Endereço electrónico	
Nome de utilizador	
Password	PIN
Questões/notas de segurança	

Nome	Data
Endereço electrónico	
Nome de utilizador	
Password	PIN
Questões/notas de segurança	

Nome	Data
Endereço electrónico	
Nome de utilizador	
Password	PIN
Questões/notas de segurança	

Nome	Data
Endereço electrónico	
Nome de utilizador	
Password	PIN
Questões/notas de segurança	

Nome	Data
Endereço electrónico	
Nome de utilizador	
Password	PIN
Questões/notas de segurança	

Nome	Data
Endereço electrónico	
Nome de utilizador	
Password	PIN
Questões/notas de segurança	

Nome	Data
Endereço electrónico	
Nome de utilizador	
Password	PIN
Questões/notas de segurança	

Nome	Data
Endereço electrónico	
Nome de utilizador	
Password	PIN
Questões/notas de segurança	

Nome	Data
Endereço electrónico	
Nome de utilizador	
Password	PIN
Questões/notas de segurança	

Nome	Data
Endereço electrónico	
Nome de utilizador	
Password	PIN
Questões/notas de segurança	

Nome	Data
Endereço electrónico	
Nome de utilizador	
Password	PIN
Questões/notas de segurança	

Nome	Data
Endereço electrónico	
Nome de utilizador	
Password	PIN
Questões/notas de segurança	

Nome	Data
Endereço electrónico	
Nome de utilizador	
Password	PIN
Questões/notas de segurança	

Nome	Data
Endereço electrónico	
Nome de utilizador	
Password	PIN
Questões/notas de segurança	

Nome	Data
Endereço electrónico	
Nome de utilizador	
Password	PIN
Questões/notas de segurança	

Nome	Data
Endereço electrónico	
Nome de utilizador	
Password	PIN
Questões/notas de segurança	

Nome	Data
Endereço electrónico	
Nome de utilizador	
Password	PIN
Questões/notas de segurança	

P

Nome	Data
Endereço electrónico	
Nome de utilizador	
Password	PIN
Questões/notas de segurança	

Nome	Data
Endereço electrónico	
Nome de utilizador	
Password	PIN
Questões/notas de segurança	

Nome	Data
Endereço electrónico	
Nome de utilizador	
Password	PIN
Questões/notas de segurança	

Nome	Data
Endereço electrónico	
Nome de utilizador	
Password	PIN
Questões/notas de segurança	

Nome	Data
Endereço electrónico	
Nome de utilizador	
Password	PIN
Questões/notas de segurança	

Nome	Data
Endereço electrónico	
Nome de utilizador	
Password	PIN
Questões/notas de segurança	

Nome	Data
Endereço electrónico	
Nome de utilizador	
Password	PIN
Questões/notas de segurança	

Nome	Data
Endereço electrónico	
Nome de utilizador	
Password	PIN
Questões/notas de segurança	

Nome	Data
Endereço electrónico	
Nome de utilizador	
Password	PIN
Questões/notas de segurança	

Nome	Data
Endereço electrónico	
Nome de utilizador	
Password	PIN
Questões/notas de segurança	

Nome	Data
Endereço electrónico	
Nome de utilizador	
Password	PIN
Questões/notas de segurança	

Nome	Data
Endereço electrónico	
Nome de utilizador	
Password	PIN
Questões/notas de segurança	

Nome	Data
Endereço electrónico	
Nome de utilizador	
Password	PIN
Questões/notas de segurança	

Nome	Data
Endereço electrónico	
Nome de utilizador	
Password	PIN
Questões/notas de segurança	

Nome	Data
Endereço electrónico	
Nome de utilizador	
Password	PIN
Questões/notas de segurança	

Nome	Data
Endereço electrónico	
Nome de utilizador	
Password	PIN
Questões/notas de segurança	

Nome	Data
Endereço electrónico	
Nome de utilizador	
Password	PIN
Questões/notas de segurança	

Nome	Data
Endereço electrónico	
Nome de utilizador	
Password	PIN
Questões/notas de segurança	

R

Nome	Data
Endereço electrónico	
Nome de utilizador	
Password	PIN
Questões/notas de segurança	

Nome	Data
Endereço electrónico	
Nome de utilizador	
Password	PIN
Questões/notas de segurança	

Nome	Data
Endereço electrónico	
Nome de utilizador	
Password	PIN
Questões/notas de segurança	

R

Nome	Data
Endereço electrónico	
Nome de utilizador	
Password	PIN
Questões/notas de segurança	

Nome	Data
Endereço electrónico	
Nome de utilizador	
Password	PIN
Questões/notas de segurança	

Nome	Data
Endereço electrónico	
Nome de utilizador	
Password	PIN
Questões/notas de segurança	

Nome	Data
Endereço electrónico	
Nome de utilizador	
Password	PIN
Questões/notas de segurança	

Nome	Data
Endereço electrónico	
Nome de utilizador	
Password	PIN
Questões/notas de segurança	

Nome	Data
Endereço electrónico	
Nome de utilizador	
Password	PIN
Questões/notas de segurança	

S

Nome	Data
Endereço electrónico	
Nome de utilizador	
Password	PIN
Questões/notas de segurança	

Nome	Data
Endereço electrónico	
Nome de utilizador	
Password	PIN
Questões/notas de segurança	

Nome	Data
Endereço electrónico	
Nome de utilizador	
Password	PIN
Questões/notas de segurança	

S

Nome	Data
Endereço electrónico	
Nome de utilizador	
Password	PIN
Questões/notas de segurança	

Nome	Data
Endereço electrónico	
Nome de utilizador	
Password	PIN
Questões/notas de segurança	

Nome	Data
Endereço electrónico	
Nome de utilizador	
Password	PIN
Questões/notas de segurança	

Nome	Data
Endereço electrónico	
Nome de utilizador	
Password	PIN
Questões/notas de segurança	

Nome	Data
Endereço electrónico	
Nome de utilizador	
Password	PIN
Questões/notas de segurança	

Nome	Data
Endereço electrónico	
Nome de utilizador	
Password	PIN
Questões/notas de segurança	

S

Nome	Data
Endereço electrónico	
Nome de utilizador	
Password	PIN
Questões/notas de segurança	

Nome	Data
Endereço electrónico	
Nome de utilizador	
Password	PIN
Questões/notas de segurança	

Nome	Data
Endereço electrónico	
Nome de utilizador	
Password	PIN
Questões/notas de segurança	

Nome	Data
Endereço electrónico	
Nome de utilizador	
Password	PIN
Questões/notas de segurança	

Nome	Data
Endereço electrónico	
Nome de utilizador	
Password	PIN
Questões/notas de segurança	

Nome	Data
Endereço electrónico	
Nome de utilizador	
Password	PIN
Questões/notas de segurança	

| T |

Nome	Data
Endereço electrónico	
Nome de utilizador	
Password	PIN
Questões/notas de segurança	

Nome	Data
Endereço electrónico	
Nome de utilizador	
Password	PIN
Questões/notas de segurança	

Nome	Data
Endereço electrónico	
Nome de utilizador	
Password	PIN
Questões/notas de segurança	

Nome	Data
Endereço electrónico	
Nome de utilizador	
Password	PIN
Questões/notas de segurança	

Nome	Data
Endereço electrónico	
Nome de utilizador	
Password	PIN
Questões/notas de segurança	

Nome	Data
Endereço electrónico	
Nome de utilizador	
Password	PIN
Questões/notas de segurança	

T

Nome	Data
Endereço electrónico	
Nome de utilizador	
Password	PIN
Questões/notas de segurança	

Nome	Data
Endereço electrónico	
Nome de utilizador	
Password	PIN
Questões/notas de segurança	

Nome	Data
Endereço electrónico	
Nome de utilizador	
Password	PIN
Questões/notas de segurança	

U

Nome	Data
Endereço electrónico	
Nome de utilizador	
Password	PIN
Questões/notas de segurança	

Nome	Data
Endereço electrónico	
Nome de utilizador	
Password	PIN
Questões/notas de segurança	

Nome	Data
Endereço electrónico	
Nome de utilizador	
Password	PIN
Questões/notas de segurança	

Nome	Data
Endereço electrónico	
Nome de utilizador	
Password	PIN
Questões/notas de segurança	

Nome	Data
Endereço electrónico	
Nome de utilizador	
Password	PIN
Questões/notas de segurança	

Nome	Data
Endereço electrónico	
Nome de utilizador	
Password	PIN
Questões/notas de segurança	

Nome	Data
Endereço electrónico	
Nome de utilizador	
Password	PIN
Questões/notas de segurança	

Nome	Data
Endereço electrónico	
Nome de utilizador	
Password	PIN
Questões/notas de segurança	

Nome	Data
Endereço electrónico	
Nome de utilizador	
Password	PIN
Questões/notas de segurança	

Nome	Data
Endereço electrónico	
Nome de utilizador	
Password	PIN
Questões/notas de segurança	

Nome	Data
Endereço electrónico	
Nome de utilizador	
Password	PIN
Questões/notas de segurança	

Nome	Data
Endereço electrónico	
Nome de utilizador	
Password	PIN
Questões/notas de segurança	

Nome	Data
Endereço electrónico	
Nome de utilizador	
Password	PIN
Questões/notas de segurança	

Nome	Data
Endereço electrónico	
Nome de utilizador	
Password	PIN
Questões/notas de segurança	

Nome	Data
Endereço electrónico	
Nome de utilizador	
Password	PIN
Questões/notas de segurança	

Nome	Data
Endereço electrónico	
Nome de utilizador	
Password	PIN
Questões/notas de segurança	

Nome	Data
Endereço electrónico	
Nome de utilizador	
Password	PIN
Questões/notas de segurança	

Nome	Data
Endereço electrónico	
Nome de utilizador	
Password	PIN
Questões/notas de segurança	

Nome	Data
Endereço electrónico	
Nome de utilizador	
Password	PIN
Questões/notas de segurança	

Nome	Data
Endereço electrónico	
Nome de utilizador	
Password	PIN
Questões/notas de segurança	

Nome	Data
Endereço electrónico	
Nome de utilizador	
Password	PIN
Questões/notas de segurança	

V

Nome	Data
Endereço electrónico	
Nome de utilizador	
Password	PIN
Questões/notas de segurança	

Nome	Data
Endereço electrónico	
Nome de utilizador	
Password	PIN
Questões/notas de segurança	

Nome	Data
Endereço electrónico	
Nome de utilizador	
Password	PIN
Questões/notas de segurança	

Nome	Data
Endereço electrónico	
Nome de utilizador	
Password	PIN
Questões/notas de segurança	

Nome	Data
Endereço electrónico	
Nome de utilizador	
Password	PIN
Questões/notas de segurança	

Nome	Data
Endereço electrónico	
Nome de utilizador	
Password	PIN
Questões/notas de segurança	

Nome	Data
Endereço electrónico	
Nome de utilizador	
Password	PIN
Questões/notas de segurança	

Nome	Data
Endereço electrónico	
Nome de utilizador	
Password	PIN
Questões/notas de segurança	

Nome	Data
Endereço electrónico	
Nome de utilizador	
Password	PIN
Questões/notas de segurança	

Nome	Data
Endereço electrónico	
Nome de utilizador	
Password	PIN
Questões/notas de segurança	

Nome	Data
Endereço electrónico	
Nome de utilizador	
Password	PIN
Questões/notas de segurança	

Nome	Data
Endereço electrónico	
Nome de utilizador	
Password	PIN
Questões/notas de segurança	

Nome	Data
Endereço electrónico	
Nome de utilizador	
Password	PIN
Questões/notas de segurança	

Nome	Data
Endereço electrónico	
Nome de utilizador	
Password	PIN
Questões/notas de segurança	

Nome	Data
Endereço electrónico	
Nome de utilizador	
Password	PIN
Questões/notas de segurança	

X

Nome	Data
Endereço electrónico	
Nome de utilizador	
Password	PIN
Questões/notas de segurança	

Nome	Data
Endereço electrónico	
Nome de utilizador	
Password	PIN
Questões/notas de segurança	

Nome	Data
Endereço electrónico	
Nome de utilizador	
Password	PIN
Questões/notas de segurança	

Nome	Data
Endereço electrónico	
Nome de utilizador	
Password	PIN
Questões/notas de segurança	

Nome	Data
Endereço electrónico	
Nome de utilizador	
Password	PIN
Questões/notas de segurança	

Nome	Data
Endereço electrónico	
Nome de utilizador	
Password	PIN
Questões/notas de segurança	

Nome	Data
Endereço electrónico	
Nome de utilizador	
Password	PIN
Questões/notas de segurança	

Nome	Data
Endereço electrónico	
Nome de utilizador	
Password	PIN
Questões/notas de segurança	

Nome	Data
Endereço electrónico	
Nome de utilizador	
Password	PIN
Questões/notas de segurança	

Y

Nome	Data
Endereço electrónico	
Nome de utilizador	
Password	PIN
Questões/notas de segurança	

Nome	Data
Endereço electrónico	
Nome de utilizador	
Password	PIN
Questões/notas de segurança	

Nome	Data
Endereço electrónico	
Nome de utilizador	
Password	PIN
Questões/notas de segurança	

Y

Nome	Data
Endereço electrónico	
Nome de utilizador	
Password	PIN
Questões/notas de segurança	

Nome	Data
Endereço electrónico	
Nome de utilizador	
Password	PIN
Questões/notas de segurança	

Nome	Data
Endereço electrónico	
Nome de utilizador	
Password	PIN
Questões/notas de segurança	

Nome	Data
Endereço electrónico	
Nome de utilizador	
Password	PIN
Questões/notas de segurança	

Nome	Data
Endereço electrónico	
Nome de utilizador	
Password	PIN
Questões/notas de segurança	

Nome	Data
Endereço electrónico	
Nome de utilizador	
Password	PIN
Questões/notas de segurança	

Nome	Data
Endereço electrónico	
Nome de utilizador	
Password	PIN
Questões/notas de segurança	

Nome	Data
Endereço electrónico	
Nome de utilizador	
Password	PIN
Questões/notas de segurança	

Nome	Data
Endereço electrónico	
Nome de utilizador	
Password	PIN
Questões/notas de segurança	

Z

Nome	Data
Endereço electrónico	
Nome de utilizador	
Password	PIN
Questões/notas de segurança	

Nome	Data
Endereço electrónico	
Nome de utilizador	
Password	PIN
Questões/notas de segurança	

Nome	Data
Endereço electrónico	
Nome de utilizador	
Password	PIN
Questões/notas de segurança	

Coisas Realmente Úteis
traz-lhe uma variedade de blocos
e agendas essenciais – incluindo
agendas de passwords com o
mesmo interior destas, mas com
diferentes designs de capa.

Para saber mais,
por favor visite
www.lusciousbooks.co.uk/pt